MIS EN BOUTEILLE À LA PROPRIÉTÉ

LES FONDUS DES VINS DE SAVOIE-JURA-SUISSE

12 % Vol. 750 ml

Dessins

SAIVE

Scénario

RICHEZ ET CAZENOVE

Couleurs

ALEXANDRE ET MIRABELLE

BAMBOO ÉDITION

www.bamboo.fr

116 chemin des Jonchères
71850 CHARNAY-LÈS-MÂCON
Tél. 03 85 34 99 09 - Fax 03 85 34 47 55
Site Web : www.bamboo.fr
E-mail : bamboo@bamboo.fr

PREMIÈRE ÉDITION
Dépôt légal : septembre 2017
ISBN 978-2-8189-4278-9

PEFC
PEFC/10-31-1800
PROMOUVOIR LA GESTION DURABLE DE LA FORÊT

La fabrication de cet album répond au processus de développement durable engagé par Bamboo Édition.
Il a été imprimé sur du papier certifié PEFC.

Printed in France
Imprimé et relié en France par PPO Graphic, 91120 Palaiseau

Pour être alerté de la sortie du
prochain album, rendez-vous sur
www.bamboo.fr/alerte-nouveaute

LE COUP DU BOUCHON

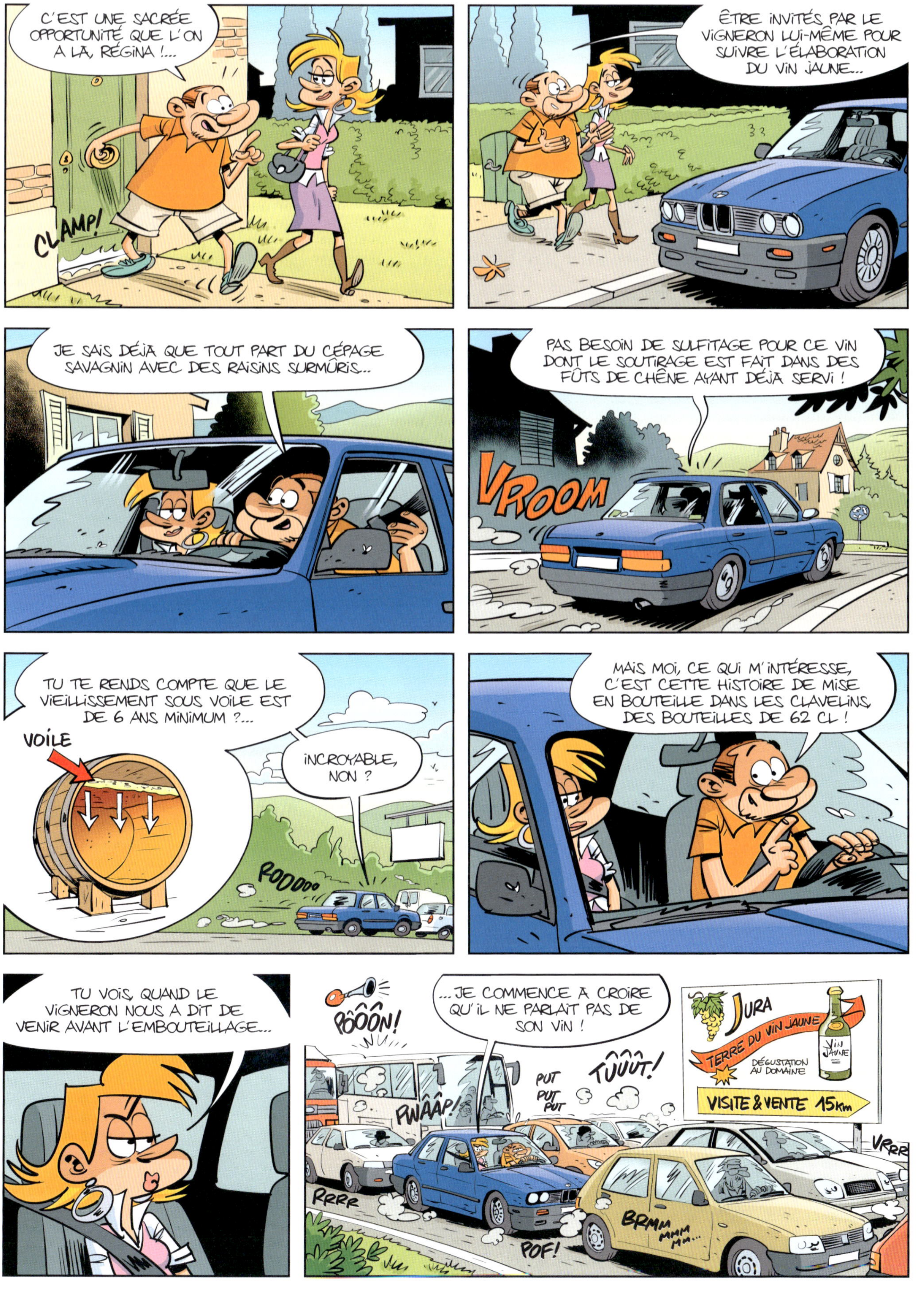

OUILLÉ BRAVES GENS !

UN VIN DE MARCHE

DÉGUSTATION BILINGUE

IL TE FAUT UN TESSIN ?!

ICI EN SUISSE, NOUS SOMMES FRONTALIERS AVEC CINQ PAYS DE CULTURES DIFFÉRENTES ! L'ALLEMAGNE, L'AUTRICHE, LA FRANCE, L'ITALIE ET LE LIECHTENSTEIN !
ALLEMAGNE
FRANCE
AUTRICHE
LIECHTENSTEIN
SUISSE ALÉMANIQUE
SUISSE ROMANDE
SUISSE ITALIENNE
ITALIE
FORCÉMENT, D'UN POINT DE VUE VITICOLE, C'EST UNE RICHESSE QUI NOUS PERMET D'AVOIR DES CÉPAGES TRÈS CARACTÉRISÉS ET RÉELLEMENT DIFFÉRENTS D'UNE RÉGION À L'AUTRE !
COMME LE PINOT NOIR CÔTÉ ALLEMAND !
OUI, MÊME SI, EN SUISSE ALÉMANIQUE, LE PINOT NOIR EST APPELÉ BLAUBURGUNDER ! IL Y A AUSSI LE MÜLLER-THURGAU, LE RAÜSCHLING, LE GEWURZTRAMINER OU ENCORE LE PINOT GRIS !
DANS LA RÉGION DU TESSIN, CÔTÉ ITALIEN, PRÈS DE 85% DU VIGNOBLE EST FAIT DE MERLOT. CE CÉPAGE BORDELAIS PRODUIT CHEZ NOUS AUSSI DES VINS EXCEPTIONNELS !
EN SUISSE ROMANDE, CÔTÉ FRANÇAIS DONC, LE CHASSELAS EST LE CÉPAGE DE RÉFÉRENCE ! CE N'EST PAS POUR RIEN QU'ON APPELLE ROI DES CÉPAGES CELUI QUI EST NOMMÉ FENDANT DANS LE VALAIS OU GUTEDEL EN ALLEMAGNE !
BREF, TOUTE CETTE DIVERSITÉ VOUS PERMETTRA DE DEVENIR AUSSI CALÉ EN DÉGUSTATION QU'EN GÉOGRAPHIE ! PAS MAL POUR UN PETIT PAYS COMME LE NÔTRE, PAS VRAI ?
VOUS CHERCHEZ QUELQUE CHOSE DE PRÉCIS ?
OUI... JE VOIS LES VINS SUISSES ALLEMANDS, SUISSES FRANÇAIS, SUISSES ITALIENS...
MAIS LES VINS SUISSES ANGLAIS, VOUS LES RANGEZ OÙ ?
RASSUREZ-VOUS, IL EST NUL EN DÉGUSTATION AUSSI !

MIAM ! CE PIQUE-NIQUE DÉGUSTATION DE VINS DE SAVOIE S'ANNONCE MAGNIFIQUEMENT BIEN !
J'AI LU QUE LES VINS DE SAVOIE ONT DES AOC DEPUIS SEULEMENT 1973 !
OUI, ALORS QUE LE DÉCRET CRÉANT LES AOC DATE DE 1935 !
IL Y A TROIS APPELLATIONS RÉGIONALES LE SAVOIE, LA ROUSSETTE DE SAVOIE ET LE SEYSSEL !
JUSTEMENT, QU'AVONS-NOUS LÀ ?
FROT! FROT!
J'AI APPORTÉ UN CRÉMANT DE SAVOIE QUI SE BOIT FRAIS MAIS PAS GLACÉ, AUSSI BIEN À L'APÉRO QU'AU DESSERT !
PARFAIT !
DE MON CÔTÉ, J'AI PRIS UN GAMAY DE CHAUTAGNE...
CHAUTAGNE
... ET MOI, UNE MONDEUSE VIEILLES VIGNES...
MAIS... PIANG, TU DEVAIS APPORTER DU VIN DE TABLE SUISSE, OÙ EST-CE QU'IL EST ?
DU...?
?!
??
?
J'AVAIS COMPRIS QUE JE DEVAIS AMENER UNE TABLE DE VIN SUISSE !
EN PLUS, EN TROUVER UNE TYPIQUEMENT SUISSE, C'ÉTAIT PAS ÉVIDENT !
BRMMMM
BROUF!

LE VIN DE PAILLE NE SE PRODUIT QUE DANS LE JURA, MÊME SI LA TECHNIQUE VITICOLE POUR LE FABRIQUER EXISTE AILLEURS...
MOI, J'APPLIQUE LA TECHNIQUE DU PASSERILLAGE HORS SOUCHE. VOILÀ EN QUOI ELLE CONSISTE...
JE CUEILLE LES GRAPPES LES PLUS SAINES. ON PEUT UTILISER TOUS LES CÉPAGES JURASSIENS SAUF LE PINOT NOIR !
JE LES SUSPENDS AU PLAFOND DANS UN LOCAL BIEN VENTILÉ.
EN SE FLÉTRISSANT, LE RAISIN CONCENTRE SON SUCRE, PUIS EST PRESSÉ LORSQUE LES BAIES SONT PRESQUE CONFITES. LE JUS TRÈS CONCENTRÉ FERMENTERA LENTEMENT.
ON FAIT DES TOUT PETITS RENDEMENTS. C'EST POUR ÇA QU'ON LE VEND EN DEMI-BOUTEILLE.
SUPERBE !
VINS DU Jura
CONTENT QUE ÇA VOUS PLAISE, LES GARS. POUR UNE FOIS QUE JE VOUS FAIS DÉCOUVRIR QUELQUE CHOSE !
C'EST VRAI QUE C'ÉTAIT UNE SUPER IDÉE, PIANG !
LE SEUL INCONVÉNIENT POUR LE VIN DE PAILLE, C'EST DE LE STOCKER EN CAVE.
?
CRIC CRAC
ÇA PREND UN TEMPS FOU. ET PUIS, FAUT UN BON FIL !
AOC du JURA

À LA BELLE ÉTOILE

EN EFFET, VOUS AVEZ RAISON, LE CORNALIN EST UN DES PLUS ANCIENS CÉPAGES PLANTÉS DANS LE VALAIS !...
AU 14E SIÈCLE ON LE CONNAISSAIT DÉJÀ, MAIS SOUS LE NOM DE NEYRUM...
DEPUIS 1972, ON PARLE DE CORNALIN !
IL DONNE DES ROUGES TRÈS COLORÉS, VOIRE VIOLACÉS, PAS MAL CORSÉS ET TOUT À FAIT CAPABLES DE BIEN VIEILLIR !
ET POURTANT...
... IL A BIEN FAILLI DISPARAÎTRE !
QUOI!?!
C'EST UN CÉPAGE PLUTÔT COMPLIQUÉ À TRAVAILLER, CE QUI EXPLIQUE QU'AU SIÈCLE DERNIER IL S'EST CARRÉMENT RETROUVÉ EN VOIE D'EXTINCTION !
... ÇA S'EST JOUÉ À UN POIL DE BOUCHON !
LE TRAVAIL ACHARNÉ DES VIGNERONS DE L'ÉPOQUE ET LES QUALITÉS EXCEPTIONNELLES DU CÉPAGE LUI ONT PERMIS DE RENAÎTRE DE BELLE MANIÈRE !
BONNE NOUVELLE !
TU AS ENTENDU, THIERRY ? LE CÉPAGE EST SAUVÉ...
... TU PEUX ARRÊTER LE BOUCHE-À-BOUCHE !
GLOP GLOP GLOP
?

CELUI QUI NE PIGE RIEN

CRÉPY-PARTY !

VOUS NE POUVEZ PAS NOUS DIRE NON. ON N'EN A JAMAIS BU, NOUS, DU SAVOIE CRÉPY...
CRÉPY "GOUTTE D'OR" DOMAINE DE LA GRANDE CAVE DE CRÉPY ENTRÉE
IL PARAÎT QUE C'EST TIP TOP AVEC UN SAINT PIERRE ET SURTOUT AVEC LA RACLETTE !...
OUAIS. IL PARAÎT AUSSI QUE COMME VOUS CULTIVEZ DU CHASSELAS, VOTRE VIN PÉTILLE LÉGÈREMENT.
OUI. C'EST POUR ÇA QU'ON INDIQUE « CRÉPYTANT » SUR NOS BOUTEILLES. MAIS JE SUIS DÉSOLÉ, ON A FAIT UNE TOUTE PETITE RÉCOLTE ET TOUT MON VIN EST VENDU...
ET VOUS SAVEZ, NOTRE TERROIR, CE N'EST MÊME PAS 2 % DES VINS DE SAVOIE.
J'AI JAMAIS BU UN CRÉPY, MAIS VOUS, VOUS N'AVEZ JAMAIS VU UN DAHU ! SI JE VOUS EN MONTRE UN, VOUS ME LAISSEREZ GOÛTER ?
AHAH ! LE DAHU ! CET ANIMAL N'EXISTE PAS !
QUE VOUS DITES ! TENEZ ! JETEZ UN ŒIL !
HMMM... ON VOIT PAS GRAND-CHOSE... C'EST UN PIED ÇA, NON ?
MAIS NON, DERRIÈRE, À CÔTÉ DU TRONC D'ARBRE !
VOUS AVEZ MIS LE FLASH OU QUOI ? C'EST PAS TRÈS NET...
ALLEZ VOIR DEHORS, CE SERA PLUS CLAIR...
OUAIS PARCE QUE LÀ... ON NE VOIT PAS GRAND-CHOSE !

COQUILLE...

ALORS, CE PÉRIPLE VITICOLE EN SAVOIE, C'ÉTAIT COMMENT ?
ON A ÉTÉ DES PARFAITS MONCHUS* COMME ILS DISENT LÀ-BAS ! ET SURTOUT, ON A VU UN VIGNOBLE TERRIBLE !
BELLUARD
*TOURISTES EN PATOIS SAVOYARD
LE DOMAINE BELLUARD DANS LE VIGNOBLE D'AYSE. ILS FONT DES VINS MONOCÉPAGES, 100 % GRINGET !
Le Feu Farto
LE GRINGET EST CULTIVÉ UNIQUEMENT SUR CETTE APPELLATION. ET IL NE RESTE QUE 22 HECTARES DE GRINGET AU MONDE !
ICI ET PAS AILLEURS!
ET ON A VU UN TRUC VRAIMENT ORIGINAL, CE SONT LES CUVES DU DOMAINE ! ELLES AVAIENT UNE FORME D'ŒUF !
AMPHORE
LE VIGNERON NOUS A RACONTÉ QU'AVEC LES OEUFS, LES VINS SONT VIVANTS. ILS S'ÉLÈVENT TOUT SEULS PAR MOUVEMENT EN FORME DE 8. COMME ÇA, LES FINES LIES SONT TOUT LE TEMPS EN SUSPENSION.
BING!
PARDON!
OUILLE!
BONG!
TOC!
PAF!
ET IL VOUS A FAIT GOÛTER ?
M'EN PARLE PAS, ÇA A ÉTÉ UN MOMENT SUPER GÊNANT... À CAUSE DE PIANG !
BELLUARD
BEN POURQUOI ?
PARCE QU'IL A VOULU FAIRE DES MOUILLETTES...
FLOUTCH!
MMMH!

D'AILLEURS, POUR UN VIN AUSSI RARE ET ISSU D'UN CÉPAGE ANCIEN, J'AI PEUR QU'ON SOIT UN PEU JUSTES EN VERRES !
BEN QUOI, C'EST ÉQUITABLE, NON ? NOUS, ON FOURNIT LES VERRES ET VOUS, VOUS FOURNISSEZ LE PERSAN DE SAVOIE POUR LA DÉGUSTATION !
?!!
VERRES
FRAGILE
PERSAN
VIN DE SAVOIE

TROUSSEAU DE CLAIES

DUR À VALAIS

ICI, NOUS SOMMES DANS LE CANTON DU VALAIS, RÉGION FRONTALIÈRE DE LA FRANCE ET DE L'ITALIE, OÙ NOUS CULTIVONS NOTAMMENT LE FENDANT !
VALAIS
ISSU DU CÉPAGE CHASSELAS, CE VIN DE TABLE EST AUSSI DÉGUSTÉ EN APÉRITIF EN SUISSE ROMANDE !
LE NOM EST RIGOLO !
PFFF! PFFF!
VALAIS LE FENDANT
SON NOM VIENT DU FAIT QUE SI L'ON PRESSE LE GRAIN ENTRE SES DOIGTS, IL SE FEND SANS QUE LE JUS NE S'ÉCOULE... REGARDEZ !
PIP!
VALAIS LE FENDANT
AH OUI, MARRANT, ÇA !
ALORS QUE SI ON PREND CET AUTRE RAISIN, TOUJOURS UN CHASSELAS...
HI!HI!
PUP!
PIP!
...LORSQU'ON LE PRESSE ENTRE LES DOIGTS, LE JUS GICLE FORT, D'OÙ SON NOM DE GICLET !
GICLLL
VALAIS LE FENDANT
ON PEUT ESSAYER ?
OUI, BIEN SÛR !
VALAIS LE FENDANT LE VIN QUI DÉFEND BON!
AVEZ-VOUS DES QUESTIONS ?
DES QUESTIONS, NON... JUSTE UNE REMARQUE !...
VALAIS LE FENDANT
JAMAIS VOUS N'AURIEZ DÛ LEUR EXPLIQUER CETTE HISTOIRE DE GICLET !
CORNOFULGUR! YAAA!
SLICHT!
RATÉ!... RÉTROLASER!
FLOUATCH!

MICRO-VIGNE

AH, LA VOILÀ ENFIN !
ICI se trouve LA PLUS PETITE VIGNE DE LA TERRE
1 m2 618
cadastrée et notariée
PROPRIÉTÉ DU
DALAÏ - LAMA
DON DES AMIS DE FARINET
VOUS VOUS RENDEZ COMPTE ? C'EST LA PLUS PETITE VIGNE CADASTRÉE DU MONDE !
ET ENCORE, VOUS NE CONNAISSEZ PAS SON HISTOIRE...
C'EST UN VIGNERON VALAISAN QUI A EU L'IDÉE D'OFFRIR UNE VIGNE À L'ACTEUR JEAN-LOUIS BARRAULT POUR LE REMERCIER D'AVOIR JOUÉ LE RÔLE DE FARINET, NOTRE ROBIN DES BOIS SUISSE.
JEAN-LOUIS BARRAULT
SUZY PRIM
ALERME
L'OR DANS LA MONTAGNE
MAX HAUFLER
ILS VOULAIENT QUE CE SOIT LA PLUS PETITE VIGNE DU MONDE ALORS ILS SONT ALLÉS LA FAIRE CADASTRER À 1,618 M², SUR LA BASE DU CHIFFRE D'OR
ELLE A APPARTENU ENSUITE À L'ABBÉ PIERRE PUIS AU DALAÏ-LAMA !
CHAQUE ANNÉE DES « PEOPLE » VIENNENT LA TRAVAILLER... FAUT DIRE, ÇA VA VITE, IL N'Y A QUE TROIS CEPS DE VIGNE !
ILS ONT TRAVAILLÉ POUR FARINET
CLAUDIA CARDINALE
GILBERT BÉCAUD
JANE BIRKIN
ROGER MOORE
MICHEL PLATINI
TINO ROSSI
LES PÉLERINS DE L'ESPOIR
TROIS CEPS !? MAIS IL N'Y A PAS DE VIN, ALORS !
DÉTROMPEZ-VOUS ! BARRAULT A DEMANDÉ À UN VIGNERON DIFFÉRENT CHAQUE ANNÉE DE MÉLANGER LE JUS DES TROIS CEPS AVEC 1 000 LITRES DE SON VIN. CHAQUE ANNÉE, ON A UNE CUVÉE DIFFÉRENTE, VENDUE AU PROFIT DES ENFANTS DÉSHÉRITÉS, ET QUI S'AR-RA-CHE !
SAUF CETTE ANNÉE !
ET POURQUOI ELLE NE S'ARRACHERAIT PAS CETTE ANNÉE ?
BEN, ÇA S'ARRACHE... MAIS PAS DE LA MÊME FAÇON !
GLOUPS! GNARPS GLOPS! CRONCH! NIAM!

FOUR DE FÊTE

JUSQU'À PRÉSENT, C'ÉTAIT FACILE DE TROUVER UN CADEAU POUR TON ANNIVERSAIRE, MAURICE !...
... ON CHOISISSAIT UNE BOUTEILLE DE VIN D'UNE RÉGION SPÉCIFIQUE ET BOUM, IL ÉTAIT CONTENT, LE MAURICE !
MAIS CETTE ANNÉE...
... ON A HÉSITÉ ENTRE TROIS... VIN DE SAVOIE, DU JURA OU DE SUISSE !
SACHANT QU'ON EN CONNAÎT D'EXCELLENTS À CHAQUE FOIS !
POUR LA SAVOIE, UN CHIGNIN-BERGERON CÉPAGE ROUSSANNE, UN VIN QUI A LA CLASSE !
SAVOIE
UN CALAMIN L'ARPÈGE 2015 POUR LA SUISSE, UN CHASSELAS RACÉ, ÉQUILIBRE IDÉAL ENTRE ACIDITÉ ET FRUITS MÛRS !
L'Arpège
CÔTÉ JURA, UN CHÂTEAU-CHALON CÉPAGE SAVAGNIN, UN VIN JAUNE SUCCULENT !
CHÂTEAU CHALON
CHATEAU - CHALON
COMTÉ
ET ALORS ? FINALEMENT ? VOUS AVEZ CHOISI QUOI ?
C'ÉTAIT IMPOSSIBLE DE CHOISIR, PAS VRAI ?
ET ON N'ALLAIT QUAND MÊME PAS PRENDRE LES TROIS !

TOMBER DANS LE PINOT

MACVIN SUR VINGT

N'EN FAISONS PAS UN FROMAGE !

À MARIN, MARIN ET DEMI !

SONNEUR A SONNÉ

CRÊPAGE DE CHIGNIN

LA P'TITE ARVINE

LAVAUX SUR LA MONTAGNE

ACCORDS METS-METS

ICI, À LA FRUITIÈRE D'ARBOIS, PREMIÈRE CAVE COOPÉRATIVE CRÉÉE EN FRANCE, ON ÉLABORE LE VIN JAUNE.
FRUITIERE VINICOLE D'ARBOIS
CHÂTEAU BETHANIE
Bienvenue au CHÂTEAU BETHANIE
CAVES ET CHAIS
LES NÉOPHYTES PEINENT À L'APPRÉCIER, ALORS QUE LES CONNAISSEURS LE CONSIDÈRENT COMME LE MEILLEUR VIN DU MONDE !
VIN JAUNE
EUH... MEILLEUR VIN DU MONDE... EUH... Z'ÊTES CERTAIN ?
BLAHH!
LE VIN JAUNE EST PEUT-ÊTRE LE SEUL VIN QUI DICTE SON MENU...
ESSAYEZ AVEC LE BON ACCORD METS-VIN. LE VIN JAUNE FONCTIONNE TRÈS BIEN AVEC UNE AUTRE STAR DU JURA, NOTRE COMTÉ !
MMH!
BEUUAAHH!
ET MAINTENANT, MIEUX ENCORE, ESSAYEZ AVEC DU BRILLAT-SAVARIN, ET UN PEU D'HUILE DE TRUFFE.
NIAM!
MMMH!
SUPERBE !
C'EST UNE MERVEILLE !
ATTENDEZ DE GOÛTER AVEC UN POULET ET UNE SAUCE AUX MORILLES ET AU VIN JAUNE... ET CELUI DE MA FEMME EST TERRIBLE !
ALORS, CONVAINCUS ?
NIAM! GLOU GLOU! GLOUPS! MMH!
DE LA MAYO AVEC VOS NUGGETS, MONSIEUR ?
AL BARAK A FRIT
DES MORILLES PLUTÔT... ET Z'AURIEZ PAS UN FOND DE VIN JAUNE ?

BIOU-TIFUL

MAISON VERCEL À ARBOIS...
TOC! TOC! TOC!
C'EST POUR QUOI ?
EH BIEN... NOUS SOMMES VENUS DANS LE JURA POUR ASSISTER À UNE FÊTE TRADITIONNELLE...
LA BÊTE DU FIOU ?
LA FÊTE DU BIOU ! C'EST UN INCONTOURNABLE DANS TROIS VILLAGES DE L'ARBOIS !
NOUS SOMMES JUSTEMENT EN TRAIN DE PRÉPARER LE BIOU EN QUESTION !...
BEN ÇA ALORS !
C'TE CHANCE !
IL S'AGIT D'UNE ÉNORME COURONNE FAITE DE PRÈS DE 100 KG DE GRAPPES DE RAISIN OFFERTES PAR LES VIGNERONS...
POUR QUOI FAIRE ?
CHAQUE PREMIER DIMANCHE DE SEPTEMBRE, NOUS TRANSPORTONS LE BIOU EN PROCESSION À TRAVERS LA VILLE JUSQU'À L'ÉGLISE POUR LA BÉNÉDICTION...
C'EST UN PRÉSENT QUE NOUS OFFRONS À SAINT JUST, NOTRE SAINT PATRON POUR QUE NOTRE RÉCOLTE SOIT BONNE !
JE PRÉCISE QUE SAINT JUST NE S'OCCUPE QUE DES VIGNES ET DES VIGNERONS...
POUR VOUS, ÇA NE SERT À RIEN DE LUI FAIRE UN DON !
?
AH BON ?

IL A TROUVÉ SAVOIE

LE GOÛT DE REVIENS-Y

LA JURA A LA CÔTE

UNE HISTOIRE DÔLE

ÇA SE MÉRITE !

VOIIILÀ ! ON VA FAIRE UN PETIT JEU... JE VIENS DE CARAFER CE VIN QUE VOUS ALLEZ ADORER DÉGUSTER... SI VOUS ME DITES DUQUEL IL S'AGIT !
À LA COULEUR, JE DIRAIS UN SAUTERNES !
PERDU ! CE N'EST PAS DANS LE BORDELAIS QUE JE VOUS FAIS VOYAGER AUJOURD'HUI !
MONBAZILLAC ?
NOPE !
ON EST CLAIREMENT SUR UN VIN DE TEINTE PAILLE DORÉE...
PARFUMS DE POIRE, DE RAISIN DE CORINTHE...
ALLEZ, VOUS AVEZ MÉRITÉ UN PETIT INDICE...
IL EST SUISSE ET IL FAIT PARTIE DE CE QUE LÀ-BAS ILS APPELLENT VIN FLÉTRI, SOIT UN VIN LIQUOREUX CHEZ NOUS.
JE SAIS !
IL S'AGIT D'UN JOHANNISBERG FLÉTRI !
BIEN JOUÉ, MAURICE !
WAHOU ! BRAVO !
VOUS VOULEZ LE GOÛTER ?
AH BAH OUI ALORS !
BIEN, DEUXIÈME QUESTION : JE FAIS PASSER CE VERRE PARMI VOUS, À VOUS DE ME DIRE DE QUELLE VERRERIE IL PROVIENT SI VOUS VOULEZ QUE JE LE REMPLISSE !
ELLE VA ÊTRE LONGUE, CETTE DÉGUSTATION...
HMM...

UN VIN QUI A L'ÉBOULE

À LA CARTE

TU CHOISIS CE QUE TU VAS PRENDRE ?
MOI, JE LE SAIS DÉJÀ !
Menu
... JE VAIS COMMANDER UNE BELLE ASSIETTE DE CROZETS, CES PETITES PÂTES SAVOYARDES ! À LA FARINE DE SARRASIN, JE PRÉFÈRE !...
ÉVIDEMMENT, IL ME FAUDRA DES DIOTS POUR ACCOMPAGNER MES CROZETS !
C'EST QUOI DÉJÀ, LES DIOTS ?
DES SAUCISSES SAVOYARDES, AXEL !
ET JE TROQUERAI MON DESSERT CONTRE UNE ASSIETTE DE BEAUFORT AVEC UN VERRE DE VIN JAUNE, ÇA TOMBE SOUS LE SENS !
D'AILLEURS, AVEC LES CROZETS ET LES DIOTS JE BOIRAI UN SAVOIE BUGEY, UN CHIGNIN-BERGERON, TIENS ! UN BLANC SEC BIEN STABLE EN BOUCHE AVEC UN NEZ AMPLE ET DES ARÔMES DE CITRONNELLE ET DE MAGNOLIA QUE J'AIME TANT !
ÇA VA JUSTE ÊTRE SUBLIME !!! UN COUP À SE FAIRE PÉTER LA PANSE...
QUOI ? POURQUOI EST-CE QUE VOUS ME REGARDEZ COMME ÇA ?
IL T'A MARQUÉ, TON SÉJOUR EN SAVOIE, N'EST-CE PAS, THIERRY ?
Le Pacha
TAGINE COUSCOUS

MIS EN BOUTEILLE À LA PROPRIÉTÉ

LES FONDUS DES VINS DE SAVOIE-JURA-SUISSE

12 % Vol. 750 ml

CAHIER DE NOTES

Des esprits forts

La montagne isole, individualise et en même temps si les histoires sont particulières d'une vallée à l'autre, la grande histoire, elle, se ressemble. Ces vignobles adossés aux massifs montagneux sont ici regroupés en raison de leur proximité, mais également pour leur géologie. Celle-ci est issue de monstrueuses collisions de continents creusant la fosse lémanique, où la rive droite résiste, préservant le plateau suisse et au-delà le Jura.
Il en résulte des cépages originaux se singularisant de vallée en vallée au fil du temps.

Cultiver la vigne en altitude ou dans des conditions difficiles resta longtemps une façon de satisfaire une consommation très locale. Aujourd'hui, ces défis lancés à la nature jouent un rôle clé et les enjeux de produire des vins originaux participent aussi à la réhabilitation des paysages, à l'entretien des terres et à se positionner sur le marché comme des vins rares.

Puis, fromages riment avec montagnes où le lait, matière première si précieuse, est cuit, pressé pour le concentrer au maximum et le conserver en d'imposantes meules ou tommes et pouvoir les déguster à tout moment et en tous lieux avec les vins produits dans les vallées et les contreforts, un peu plus bas.

Le vignoble du Jura

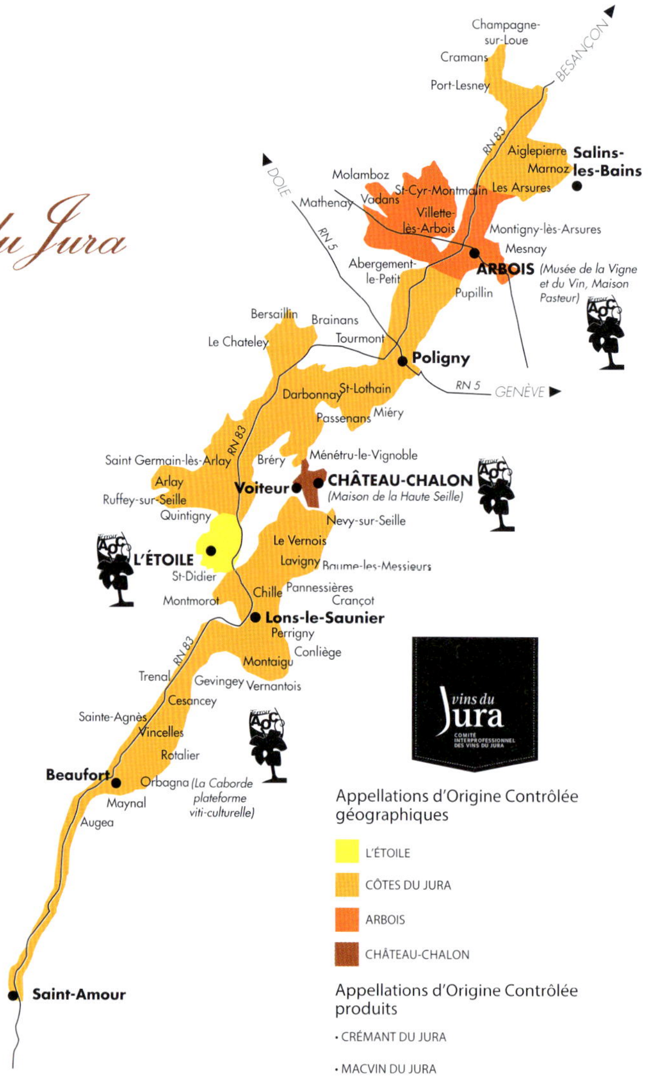

Le vignoble de Savoie

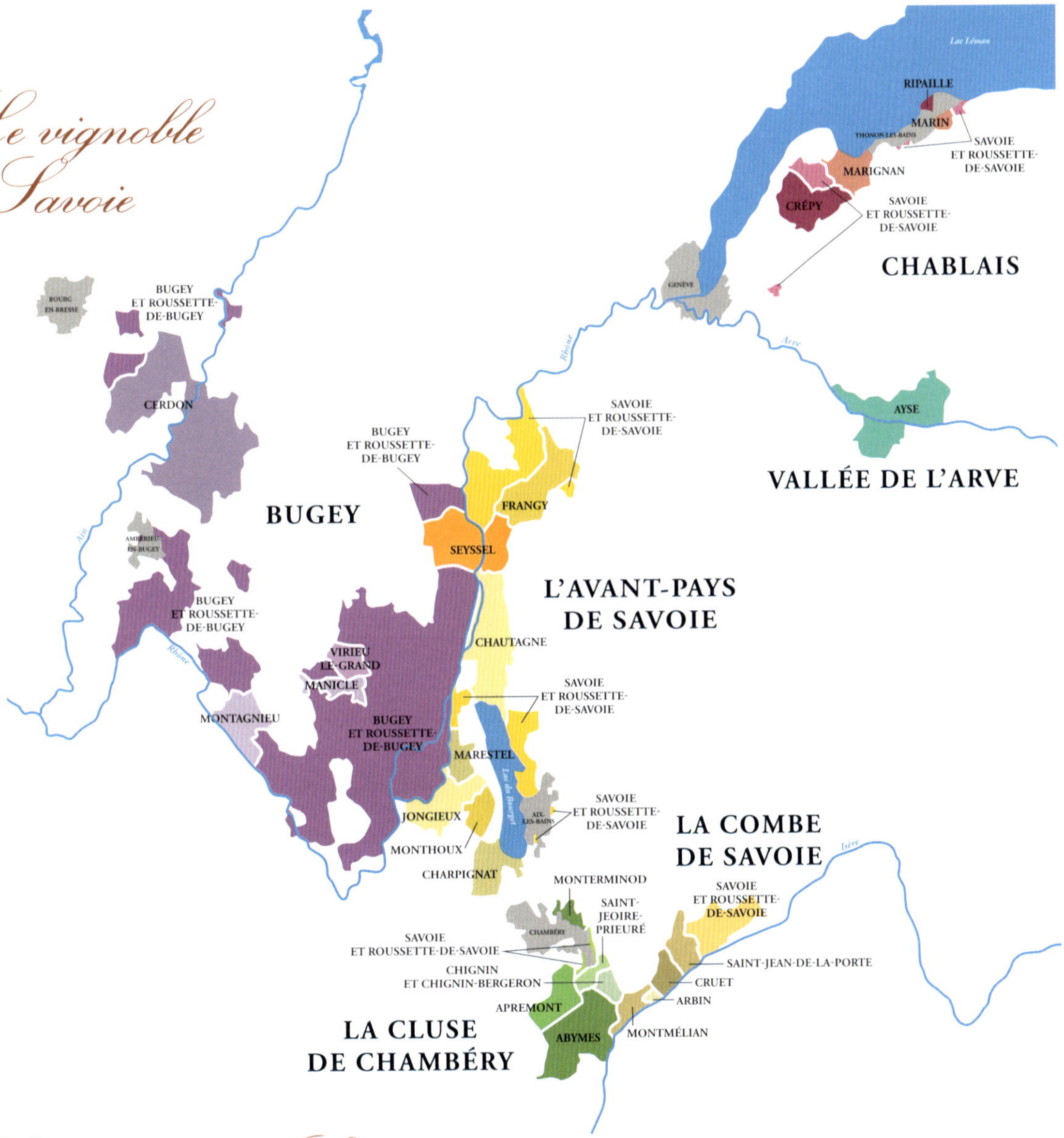

Le vignoble de Suisse

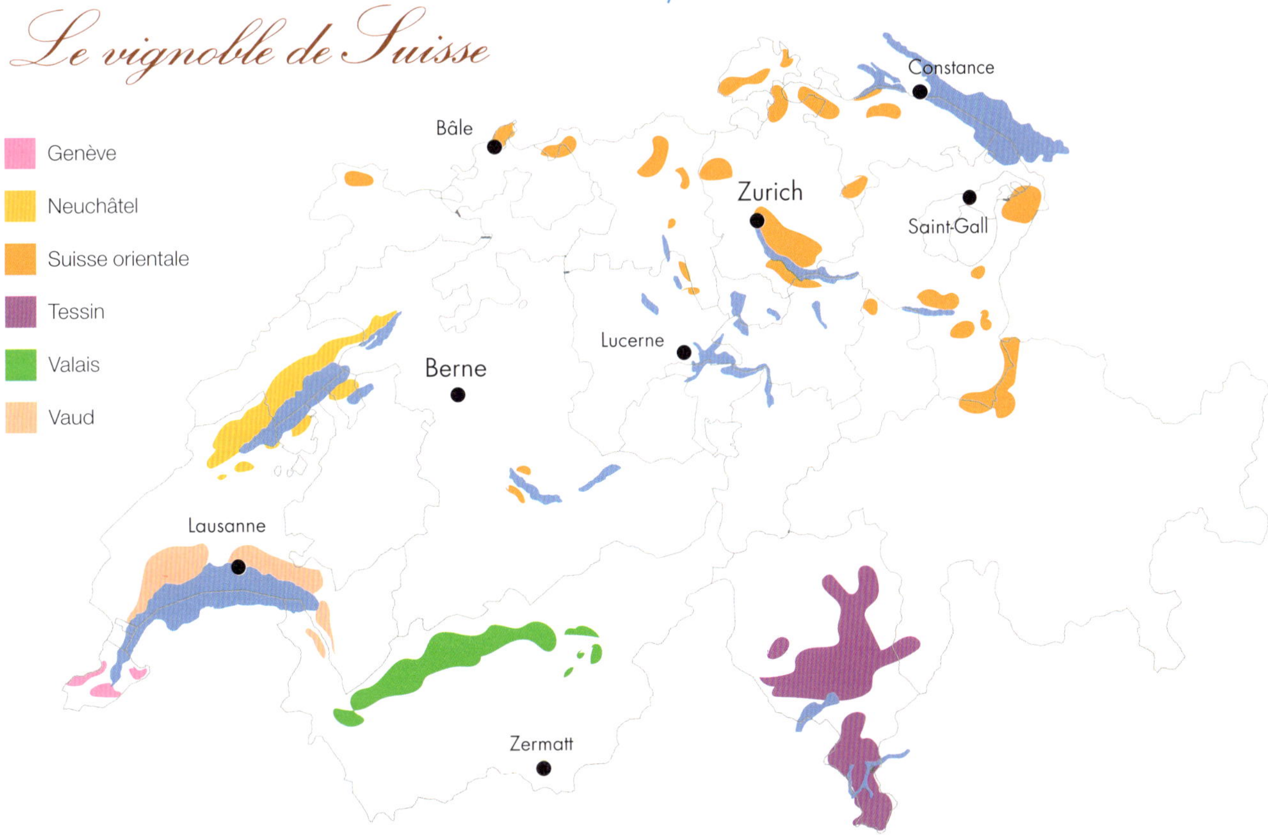

Le paysage de Château-Chalon.

Les vins du Jura, à déguster avec un morceau de comté...

De l'esprit des vins du Jura

Entre la Suisse et la Bourgogne, le vignoble du Jura est constitué d'un chapelet de collines délimité par le rebord du plateau jurassien et la plaine bressane. C'est le Revermont jurassien, bande de terre de 80 km qui traverse le Jura de Salins-les-Bains à Saint-Amour, parsemé par plus de 200 domaines viticoles sur les premiers contreforts du Jura.

C'est aux Dames de l'abbaye de Château-Chalon que le Jura doit la création du vin jaune et du vin de paille. Depuis, le vignoble n'a cessé de progresser et en 1906, il obtient un certificat d'origine protégeant la marque « Vins d'Arbois », précurseur de l'appellation. Cette même année, la première coopérative de vinification de France naît à Arbois, à l'image des fruitières franc-comtoises pour le fromage de Comté.

Nous sommes passés de 20 000 ha de la fin du XIXe, avant le phylloxéra, produisant des vins de volumes de qualités diverses, à aujourd'hui 2 000 ha pour des vins de qualité issus des premières AOC créées en France.

De Salins-les-Bains ou d'Arc-et-Senans, les incontournables salines, on passe par Arbois, capitale des vins du Jura et ville de Louis Pasteur, puis par Château-Chalon, pour rejoindre l'Étoile et Lons-le-Saunier jusqu'à Saint-Amour, après avoir dégusté un poulet au vin jaune et aux morilles.

Chaque premier week-end de février, on perce le premier fût du nouveau millésime de vin jaune : cette tradition est devenue une des premières fêtes viticoles de France.

Les appellations d'origine contrôlées, des cépages

On dénombre 4 appellations issues de zones géographiques :

- AOC Arbois qui produit tous types de vins, à laquelle peut se rajouter le nom de la commune de Pupillin,
- AOC Château-Chalon, 50 ha produisant dans un site remarquable, exclusivement du vin jaune, fruit d'une sévère sélection qualitative parmi les millésimes,
- AOC l'Étoile, 66 ha pour les vins blancs, jaunes et de paille. Le village l'Étoile doit son nom aux fossiles en forme de petites étoiles à cinq branches.
- AOC Côtes du Jura, appellation générique englobant l'ensemble du vignoble.

et 2 pour des produits spécifiques :

- AOC crémant du Jura, fruit de la méthode traditionnelle à partir des cépages du Jura,
- AOC macvin du Jura, vin de liqueur produit à partir de raisins séchés après ramassage.

Ces 6 appellations produisent pour 2/3 des vins blancs issus soit du chardonnay qui produit des vins secs, peu ou pas typés, soit du savagnin, spécifique au Jura quand les vins sont typés et 1/3 des vins rouges et rosés à partir du poulsard pour des vins à peine colorés et à partir du trousseau pour des vins plus soutenus puis du pinot noir.

Des produits inégalables

En plus des vins rouges originaux issus du poulsard et du trousseau, d'un crémant aromatique et aux bulles fines et de vins blancs secs fruités… sont produits des vins blancs typés aux notes oxydatives, de pomme, de noix, un peu grillées qui se rapprochent du vin jaune.

Le vin jaune du Jura

Il est considéré comme l'un des plus grands vins du monde. Issu originellement de Château-Chalon, il est également produit en appellation Arbois, l'Étoile et en Côtes du Jura. Sa couleur est jaune or, d'où son nom, ses odeurs marquées, à la saveur presque salée. Il est élaboré exclusivement avec le cépage savagnin. Il fait l'objet d'un élevage spécifique : une fois la fermentation achevée, il doit être conservé au minimum six ans et trois mois en fût de chêne, sans soutirage, ni ouillage. Durant son vieillissement, un voile de levures se développe en surface et préserve le vin de l'oxydation en le privant de contact avec l'air ambiant.

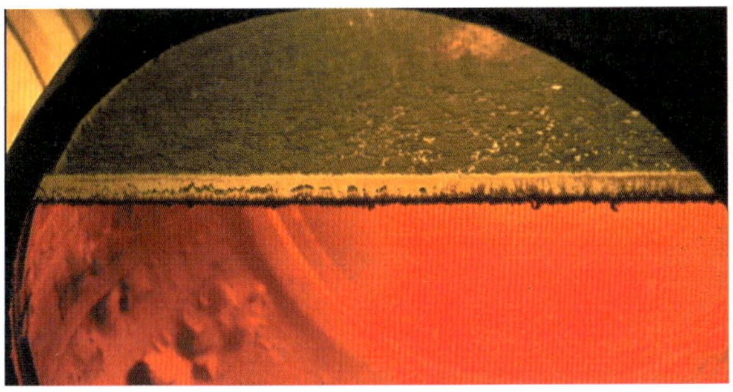

© Philippe Bruniaux/CIVJ

Vin jaune du Jura, fût non ouillé, le voile de levures se forme en surface.

Le vin de Paille

Les grappes sont sélectionnées pour ne retenir que les plus beaux fruits. On les laisse ensuite se déshydrater plusieurs mois dans une pièce sèche et aérée. C'est le seul vin "naturellement doux" : la fermentation alcoolique s'arrête toute seule pour nous offrir une liqueur douce et riche à la fois. Il est produit dans les AOC Côtes du Jura, Arbois et L'Étoile.

Le macvin du Jura

Obtenu à partir de jus de raisin non fermenté auquel on intègre un tiers de marc, le macvin est élevé au minimum pendant un an en fût de chêne et titre entre 16° et 22° d'alcool. Le macvin du Jura est la seule mistelle (ou vin de liqueur…) d'AOC issue d'une eau-de-vie de raisin et non de vin.

Les vignes d'Apremont.

Les vins de Savoie

à déguster dans les cimes avec un morceau de reblochon et de beaufort...

De l'esprit des vins de Savoie

Le vin produit dès le Ier siècle par les Allobroges devait être « poissé », adouci par l'action de substances issues de sapins ou mélèzes.

Au Moyen-Âge, l'église entretient et les moines inventorient, sélectionnent les parcelles et les ceps.

En expansion du XVIe au XVIIIe siècle, la vigne s'étend en 1800 sur une surface de 9 000 ha. Elle est cultivée sur tailles, en hauteur, afin d'éviter le gel, et produit des vins acides aux odeurs végétales. Le rattachement de la Savoie à la France ouvre la concurrence de sa production avec celle du Midi. Vers 1900, le phylloxéra décime le vignoble, qui peine à se reconstruire avec la crise des années 30 et les deux guerres mondiales.

Aujourd'hui, le vignoble étalé sur 2200 ha continue son évolution avec un haut niveau de qualité, tout en développant de fortes originalités qui rassemblent **des cépages originaux plantés dans des paysages uniques.**

Des vins de Savoie, des cépages, des terroirs

Le vignoble se situe en Savoie, en Haute-Savoie, sur deux communes de l'Ain et une de l'Isère.

50 caves et 3 coopératives vinifient environ 125 000 hl de vins, blancs à 70 %, rouges à 20 %, rosés à 6 % et mousseux à 4 %.

Tous ces vins sont répartis en trois appellations d'origine contrôlées :

- AOC vin de SAVOIE ou SAVOIE pour 88 % des volumes,
- AOC roussette de Savoie,
- AOC seyssel.

À ces appellations peuvent être associées 20 dénominations géographiques, comme autant de crus qui illustrent l'éparpillement lié aux diversités des situations géographiques, aux expositions et pentes, niveaux d'altitude, micro-climats, à chaque fois uniques.

À ces facteurs « physiques » s'ajoute la diversité des cépages utilisés dont un bon nombre typiques de la Savoie. Une vingtaine de cépages différents participent à la mosaïque des vins savoyards et sont plantés dans des conditions climatiques quelquefois extrêmes et tempérées par la proximité des lacs (Bourget ou Léman) et des cours d'eau (Isère, Rhône...).

En blanc

La jacquère produit des vins frais et fruités et occupe la moitié des surfaces sur les contreforts des Bauges à Apremont, Abymes...

La roussanne aussi appelée bergeron s'étend sur 80 ha, notamment à Chignin.

L'altesse, également endémique, spécifique de l'AOC roussette de Savoie est plantée sur 200 ha. Elle produit des vins secs, pouvant se garder à Frangy ou au bord du lac du Bourget ou encore à Seyssel, appellation de 73 ha sur le Rhône.

Le chasselas est planté sur 100 ha, au bord du lac Léman, à Marin, Ripaille, Marignan et Crépy.

Le gringet, endémique de la vallée de l'Arve, produit les vins pétillants d'Ayse.

En rouge,

Le gamay, produisant des vins légers, occupe 300 ha comme à Chautagne au-dessus du lac du Bourget.

La mondeuse, endémique, 300 ha, est à l'origine de vins plus concentrés.

Le pinot noir, que l'on connaît par ailleurs, est planté sur 50 ha.

Les vins suisses, à déguster lentement avec un morceau de gruyère suisse...

L'esprit des vins suisses

Des vallées du Rhône et du Rhin, des rives du lac Léman, de Neuchâtel jusqu'au lac de Constance, le vignoble s'éparpille en une myriade de petits îlots organisés en six régions.

La Suisse fait partie des pays producteurs de vin de régions fraîches et il n'est pas rare de voir de la neige dans les vignes où l'altitude atteint 1 100 m dans le Valais, alors qu'elle n'est que de 270 m dans le Tessin.

La vigne a été implantée en Suisse par les Romains qui ont franchi les cols des Alpes par la Savoie. Entretenue longtemps par les monastères, son évolution est stoppée au XIXe siècle par les maladies et la disparition du marché allemand.

Aujourd'hui, la Suisse possède 15 000 ha de vignobles pentus et plantés en cépages rouges à 57 % et blancs à 43 %. Seulement 1 ou 2 % de cette production est exportée, le reste étant consommé par les Suisses eux-mêmes.

Les cépages

Le vignoble comprend plus de 200 cépages dont une quarantaine indigènes représentant :

- 9 % du vignoble, tels l'arvine, le cornalin, le gamaret, le garanoir, l'amigne…
- 18 % de cépages nouvellement installés, tels le sauvignon, le chardonnay ou la syrah,
- 29 % de pinot noir,
- 27 % de chasselas ou fendant (pouvant être cité comme indigène),
- 10 % de gamay (à l'ouest),
- 7 % de merlot (au sud) et en augmentation…

La Suisse est ouverte à la création de nouvelles variétés ; outre la production de vins de cépage, elle assemble aussi les cépages entre eux. Toute cette richesse créative rend la production variée et nuancée : **une grande diversité de vins de qualité produits en très petites quantités.**

Les zones de production

C'est en Suisse francophone, romande, que se trouve la grande partie du vignoble comme dans le canton du Valais représentant plus du tiers du vignoble suisse. Région ensoleillée et aérée par le foehn (vent chaud), elle produit plusieurs appellations et quelques grands crus. Le vignoble s'étend sur la rive droite de la vallée du Rhône et du Bas au Haut-Valais, en passant par Sion et Sierre. En direction du lac Léman, on rencontre beaucoup de cépages anciens même si chasselas et pinot noir restent majoritaires et la syrah se développe sur les coteaux du Rhône.

Puis le canton de Vaud avec le quart du vignoble est séparé par la Savoie par le lac Léman. L'essentiel des vignes se trouve sur les versants exposés au sud. Le chasselas y exprime toutes les nuances de chaque terroir de La Côte, de la région de Lavaux (où on y rencontre le cru dézaley et ses terrasses tournées sur le lac Léman), le Chablais sur les contreforts des Alpes et vers le nord le lac de Neuchâtel, avec des vins de gamay et de pinot noir.

Genève constitue la 3e région productrice et le berceau du vin suisse là où le Jura et les Alpes se rejoignent ; c'est aussi la 1re région à adopter une appellation d'origine contrôlée en 1988. La zone est constituée de 3 îlots, de la rive droite du Rhône jusqu'au lac. C'est le vignoble qui bouge, qui innove, qui expérimente et où le cépage savagnin se développe.

La région des trois lacs, entre le lac de Neuchâtel et les contreforts du Jura, est essentiellement plantée de chasselas et de pinot noir, à l'origine de l'œil-de Perdrix, vin rosé typique de la région à peine coloré.

Le Tessin, pointe sud de la Suisse qui s'enfonce dans la Lombardie italienne, est dominé à 90 % par le merlot à l'origine d'un vin rouge, mais aussi objet de curiosité lorsqu'il est vinifié en blanc.

En Suisse alémanique sont dispersés près de 20 % des vignes suisses sur des sols variés plantés majoritairement par le pinot noir appelé blauburgunder et le müller-thurgau (riesling et sylvaner).

© Le Vin ligérien

Vignes de Lavaux du canton de Vaud.

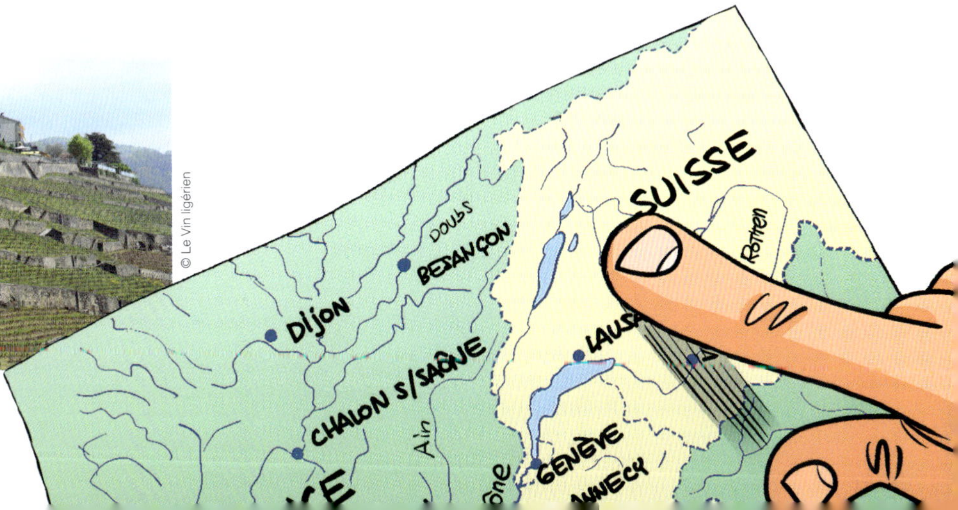

Glossaire

Clavelin

Bouteille de 62 cl, de forme atypique, réservée uniquement au vin jaune du Jura. Son volume original prend en compte la perte consécutive à la garde de 6 ans et 3 mois dans une barrique non ouillée, par rapport à la bouteille classique de 75 cl.

Crémant

Vin effervescent obtenu par la méthode traditionnelle normalisée, à partir des cépages locaux correspondant à la zone à laquelle le mot « crémant » est associé (type crémant du Jura).

Fruitière

Dans le Jura, les producteurs de lait se regroupent en atelier pour la fabrication du comté. En général de nature coopérative, cette forme originale d'organisation villageoise est née il y a 8 siècles. Cette dénomination est également utilisée pour la production de vins du Jura en cave coopérative.

Gruyère, Emmental

C'est une histoire de trous, avec ou sans, petits ou gros… en fonction du procédé mis en œuvre. Le gruyère quand il est suisse n'a pas de trous mais des lainures (petites fissures). Le gruyère français a quelques trous pas plus gros qu'une cerise. S'ils sont plus gros et irréguliers, c'est de l'emmental. Sans trous, sans fissures, il s'agit du comté, du beaufort ou de l'abondance.

Odeur ou arôme

L'odeur est perçue par la voie directe lorsque vous aspirez l'air empli de substances aromatiques par le nez. L'arôme est quant à lui toujours perçu par le nez, mais de l'intérieur de la bouche lorsque vous expirez, les substances se volatilisant par la voie rétronasale.

Ouillage

C'est l'action d'ajuster le plein des barriques afin qu'elles ne restent pas en vidange et que le vin contenu ne s'oxyde pas. Élaborer le vin jaune nécessite de ne pas ouiller, afin que le voile de levures se développe.

Passerillage

Il consiste à laisser se dessécher les grains de raisin soit sur souche pour produire des vins issus de vendanges tardives, soit hors souche comme pour produire le vin de paille du Jura. Les grappes sont alors ramassées puis entreposées, suspendues ou posées sur la paille.

Textes de Christophe Prouteau - CQFDgustation - www.degustation.net

Remerciements :

Comité Interprofessionnel des Vins du Jura - www.jura-vins.com

Comité Interprofessionnel des Vins de Savoie - www.vindesavoie.net

Swiss Wine Promotion - www.swisswine.ch